Quatre sœurs dans la tempête

Du même auteur, dans la même série :

Quatre sœurs en vacances
Quatre sœurs à New York

Du même auteur, dans la même collection :

Au secours! Mon frère est un ado
Le garçon qui ne voulait plus de frère
Une île pour Vanille

Sophie Rigal-Goulard
Illustrations de Diglee

Quatre sœurs dans la tempête

RAGEOT

À Ghyslaine et Monique,
nos « Monette » à nous…

Cet ouvrage a été imprimé sur un papier
issu de forêts gérées durablement,
de sources contrôlées.

Certifié PEFC
Ce produit est issu de forêts gérées durablement et de sources contrôlées.
PEFC™ 10-32-2580
pefc-france.org

IMPRIM'VERT
Votre imprimeur agit pour l'environnement

Couverture : Diglee

ISBN : 978-2-7002-3961-4
ISSN : 1951-5758

Loi n° 49-956 du 16-07-1949 sur les publications
destinées à la jeunesse.

Dans la tempête

– Je crois qu'on est perdus, m'annonce Benjamin d'une voix lugubre.

– Ah ah ! Tu te crois dans un film ? La tempête de neige et les deux héros qui se réfugient dans une grotte...

– Je ne rigole pas, Laure. On est VRAIMENT perdus !

Premier jour de tempête à Montfloury. Voilà une heure qu'on skie sans arriver à retrouver le chemin de la station et il neige de plus en plus fort.

– C'est impossible que tu te perdes dans TA montagne ! je m'exclame. Tu es fils et petit-fils de guide de haute montagne et tu en deviendras un toi aussi.

Inquiet, Benjamin regarde le ciel.

– Et d'un, je ne suis pas encore guide. Et de deux, guide ne veut pas dire pisteur. Et de trois, la météo rend les conditions de repérage impossibles.

J'ai envie de demander la définition exacte d'un « pisteur », mais je sens que ce n'est pas le moment. Benjamin est ridicule avec son bonnet transformé en tas de neige et j'ai envie de rire. C'est nerveux. Ça va me passer.

– On va construire un igloo pour la nuit.

Cette fois-ci, j'éclate de rire. Je crois que mes nerfs sont en train de lâcher.

– Un igloo ? Mais tu te prends pour un Inuit !

Benjamin ne me répond pas. Il plante rageusement un de ses bâtons dans la neige et il déchausse ses skis. Ensuite, il s'agenouille et, avec son deuxième bâton, il rassemble la neige en tas devant lui.

– Tu as intérêt à te dépêcher, marmonne-t-il d'un ton sec. La neige tombe de plus en plus fort et bientôt on aura droit à une vraie tempête.

Je sens mon cœur s'accélérer. Je dis :

– On n'a qu'à téléphoner à ton père.

– Réfléchis un peu, Laure ! crie Benjamin. Conditions météo atroces et altitude de plus de deux mille mètres égalent portable hors circuit ! Aide-moi !

Mes jambes tremblent et je m'appuie sur mes bâtons. Benjamin continue à assembler la neige devant lui.

– Tu dois faire des blocs, m'ordonne-t-il. Imite mes gestes. Dépêche-toi !

En tremblant, je déchausse mes skis à mon tour et je tente de reproduire la technique de l'Esquimau. Tout ce que j'arrive à faire, c'est un tas de neige informe qui ne ressemble à aucune figure géométrique existante.

– Un effort, Laure, me lance Benjamin d'un ton excédé, sinon on n'aura jamais fini à temps.

– Je ne suis pas née au pôle Nord, je te signale, lui dis-je en séchant les larmes qui commencent à couler derrière mes lunettes. Je vis à Paris quatre-vingt-dix-neuf pour cent de mon temps et on n'y bâtit JAMAIS d'igloo !

Je ne conseille à personne de pleurer quand il neige. C'est horrible parce que les larmes forment de minuscules glaçons. Je tente d'essuyer mes joues avec mes gants, c'est encore pire.

– Bon, écoute, on va essayer de faire pour le mieux, toi et moi, OK ? déclare Benjamin plus gentiment. Si on n'arrive pas à construire un igloo, on bâtira un abri plus simple.

C'est l'instant qu'il choisit pour me serrer contre lui.

Sous un soleil radieux, mon cœur aurait sûrement fait une double pirouette arrière, suivie d'un salto piqué. Mais je vais peut-être mourir d'ici cinq minutes alors j'économise au maximum cet organe vital.

– Je ne sens plus aucun muscle de mon visage et j'ai du mal à bouger mes doigts à l'intérieur de mes moufles, dis-je à Benjamin en essayant de rassembler de la neige devant moi.

– Marche en levant les jambes, conseille-t-il. Tape dans tes mains en même temps, on est en train de se refroidir.

On effectue la danse des Esquimaux tous les deux, et j'imagine la tête de Lisa et Luna, mes petites sœurs, si elles nous voyaient. Penser à ma famille me fait monter les larmes aux yeux une fois de plus. Je les imagine au chalet tous les cinq.

Bientôt, ils seront cinq à tout jamais.

– Lauauaure ! Benjaaamin ! Lauau-aure ! Benjaaamin !

– On nous appelle ! crie Benjamin. Tu as entendu ? On est làààà !

Lorsque deux silhouettes s'approchent à travers le rideau de neige, j'ai l'impression de rêver. Figée en statue de glace, je suis certaine que nos sauveteurs vont me casser en me soulevant. Mais le père de Benjamin me saisit dans ses bras sans que je m'effondre et il m'enveloppe dans une couverture de survie.

Ensuite, il m'installe derrière lui sur sa moto des neiges et Benjamin s'assoit sur celle du deuxième guide. Nous redescendons vers la station à travers les mélèzes enneigés.

Mon retour à la réalité a lieu dans le chalet de Benjamin lorsque sa mère pose un bol de chocolat chaud devant nous et que ma famille arrive : les Steph au carré, mes parents ainsi nommés puisqu'ils s'appellent Stéphane et Stéphanie Juin, et mes trois sœurs, Lou, Lisa et Luna. Chacune m'accueille à sa manière.

– J'en étais sûre, s'exclame Lou en me voyant. C'est toi qui m'as piqué mon pull à torsades ! J'ai passé une heure à le chercher.

Lou est l'aînée de la famille. Elle a seize ans et une tendance à jouer la chef de bande.

La bande, ce sont ses trois sœurs qui la suivent dans la fratrie. Je suis la deuxième, coincée entre une grande sœur autoritaire et deux petites sœurs assez originales.

– J'ai même pas eu le temps de finir mon goûter à cause de toi, pleurniche Luna dès qu'elle m'aperçoit. Et j'ai faim en plus !

En général, en fin de journée, ma sœur de cinq ans verse quelques larmes, Luna a un quota à respecter en matière de pleurnicheries. Lorsqu'elle ne pleure pas, elle dirige son monde à l'aide de sa baguette magique puisqu'elle rêve de devenir fée.

– Tu sais qu'il faut très peu de temps pour qu'un corps se refroidisse, m'explique Lisa qui vient s'asseoir à côté de moi. J'ai lu que si ta température chute de…

– C'est bon, la coupe Lou. Laure est vivante, arrête de jouer à la scientifique.

Lisa continue à me chuchoter ses explications à l'oreille.

Ma cadette a juste huit ans, mais son cerveau est en ébullition permanente. Elle passe son temps à lire et a toujours besoin de nous faire part de ses découvertes étonnantes.

– Ouf ! Je respire, s'écrie maman en me serrant dans ses bras. Lou, Laure, Lisa, Luna. Mes quatre L sont au rendez-vous.

– Tu nous as fait vraiment peur, Laure, gronde papa d'une voix un peu émue. Ne recommence jamais !

Les Steph au carré parlent un moment avec le père de Benjamin qui leur explique qu'il nous a retrouvés grâce au détecteur ARVA que son fils porte en permanence dans son blouson de ski. C'est un petit boîtier qui émet un signal repérable à distance.

– Quand j'ai remarqué que le temps tournait, je me suis douté que Ben aurait du mal à redescendre tout seul ! J'ai pris un guide avec moi et on a vite retrouvé leurs traces. Ils étaient en train de construire un abri. C'est ce que j'ai toujours appris à mon fils. Tempête de neige, tu te protèges…

– Les Steph au carré tournaient en rond comme des fous dans le chalet lorsqu'ils ont vu que tu n'étais pas rentrée, me chuchote Lou. Qu'est-ce qu'il t'a pris de faire du hors-piste avec Benjamin ?

Je me sens rougir, mais comme il fait chaud, j'espère qu'on ne le voit pas.

– Je croyais que Benjamin ne t'intéressait plus, insiste ma sœur à voix basse. Tu as changé d'avis ? Tu n'as pas pu résister à son bonnet à pompon rouge, c'est ça ?

Je souris malgré moi et je murmure :

– Comment veux-tu que je refuse une balade à skis avec le garçon le plus mignon de la station ? Et puis huit pistes, on en a vite fait le tour ! Ce n'est pas ma faute si maman a choisi une station Lego pour les vacances de février.

– Tu as toujours eu un problème avec ce village, remarque Lou. Et pourtant, l'été dernier, tu avais fini par l'adorer.

– Ben non, c'est pas mortel puisque t'es pas morte ! lance Luna.

– Montfloury l'hiver, franchement c'est trop cool ! confirme Lisa.

Une fois de plus, je suis la seule des quatre L à râler. Mes sœurs ont l'air bien ici, dans la plus petite station du monde. Je suis sûre qu'il n'existe aucun autre endroit avec un télésiège, deux téléskis et seulement huit pistes dont deux fermées pour cause d'intempéries ! Et moi qui comptais passer mon étoile d'or...

Pourtant, lorsque j'ai su que nous revenions à Montfloury, j'étais la première à m'en réjouir. J'avais des souvenirs excellents de mes dernières vacances d'été[1] dans ce village des Alpes.

Je me revois dans ma chambre avec Lisa et Luna, il y a un mois à peine.

C'était pendant notre réunion de crise…

1. Voir *Quatre sœurs en vacances*, dans la même série.

Un mois plus tôt

Quatre sœurs au quotidien, c'est une foule de petits tracas. Dans la famille Juin, dès que l'une des quatre L a un gros souci ou un grand chagrin, nous organisons une réunion de crise pour trouver une solution ou, à défaut, la consoler.

Le mois dernier, Lisa, Luna et moi nous nous sommes réunies sans que Lou le sache. En effet, notre sœur aînée connaissait son premier chagrin d'amour.

À la suite d'un rendez-vous manqué, elle s'était disputée avec Maxime Gandier, son chéri depuis près d'un an. Plus tard, elle l'avait aperçu dans la file d'un cinéma avec une fille qu'elle ne connaissait pas. Elle avait donc définitivement refusé de lui adresser la parole.

Depuis deux semaines, elle se retrouvait avec un statut de célibataire sur Facebook et des yeux rouges en permanence.

– Comment trouver une solution pour que Max et Lou se réconcilient ? ai-je lancé pour commencer la réunion.

– Lou n'a qu'à lui envoyer un SMS où elle ne dit pas qu'elle l'aime mais où il peut le deviner, a suggéré Lisa.

– Tu sais bien qu'elle refuse de lui parler, lui ai-je expliqué. Même par SMS !

– Moi, j'ai une meilleure idée, a déclaré Luna déguisée en fée rose. On offre à Max un perroquet qui répète « Tu

à New York[1]. Si on l'écoutait, à chaque repas, il faudrait poser sa cage au centre de la table pour qu'il « se sente en famille ».

Pendant le dîner, Lou n'a pas prononcé un mot. Et elle n'a eu aucune réaction quand maman a lancé avant le dessert :

– Je vais enfin vous annoncer où nous irons skier cette année. Et là, je vous garantis une vraie surprise. Nous partons à... Montfloury !

– Le village où on a passé nos vacances cet été ? ai-je demandé.

– Celui où il y a les vaches ? ont ajouté Luna et Lisa en chœur.

1. Voir *Quatre sœurs à New York*, dans la même série.

Lou est restée silencieuse.

– Vous êtes contentes, les filles ? nous a interrogées notre père. Votre mère a eu une super idée. On va faire un stage de ski de fond pendant quinze jours, elle et moi, et vous, pendant ce temps, vous prendrez des cours de ski.

– C'est génial ! j'ai crié. Je voudrais passer mon étoile d'or cette année.

– Ce n'est pas fini, a ajouté maman avec un grand sourire aux lèvres. Deuxième bonne nouvelle, on part avec les Gandier et j'ai réussi à avoir le chalet de cet été.

Guy Gandier est médecin et il travaille avec papa. Sa femme, Martine, s'entend très bien avec maman. Quant à leurs trois fils, Maxime, Axel et Bixente, ils ont le même âge que Lou, Lisa et moi, et ils ont déjà été nos amis de vacances d'été. Max était passé dans la catégorie supérieure.

– QUOI ? a crié Lou. Maxime sera là ?

sais que Lou t'aime encore ? ». Ou alors une baguette magique qui marche.

– Message urgent à l'intention des quatre L. Je répète, message urgent. À TABLE !

Malheureusement, nous n'avons pas trouvé de solution miracle ce soir-là puisque nous avons été interrompues par l'appel retentissant de notre père.

– On pourra donner des lasagnes à John ? a demandé Luna en entrant dans la cuisine.

Il a fallu lui expliquer pour la centième fois qu'un cochon d'Inde ne doit pas manger ce genre d'aliments.

Depuis quelques mois, notre petite fée rose a un animal de compagnie qu'elle a appelé John en souvenir de notre séjour

– Bien sûr ! a précisé papa. Par contre, je suis désolé pour toi, Laure, mais tu n'auras pas de compagnon de jeu. Axel part chez son correspondant anglais pendant les vacances de février. Il n'a pas pu changer ses dates.

– On va revoir les vaches ! a hurlé Luna en tapant sur la table.

– Il y aura Bixente ! a clamé Lisa enthousiaste.

– Je vis un vrai cauchemar, je vais me réveiller, a marmonné Lou d'un ton désespéré.

J'ai été un peu déçue de ne pas voir Axel. J'avais été amoureuse de lui l'été précédent, mais près de six mois s'étaient écoulés depuis et j'avais eu le temps de l'oublier.

Par contre, j'avais encore en mémoire Benjamin, le beau garçon que j'avais croisé à plusieurs reprises pendant les vacances.

Je me suis imaginée sur les pistes avec ce super skieur, fils de guide de haute montagne et cent pour cent montagnard. J'ai revu ses yeux verts, son irrésistible sourire…

Pour moi, tout était parfait.

Un mois plus tard, nous sommes parties dans la joie et la bonne humeur. On était *toutes* heureuses d'aller skier.

Enfin, *toutes* à part Lou, qui affichait toujours un statut de célibataire sur Facebook.

L'arrivée au chalet a été moins joyeuse. Fidèle à ses habitudes, Lisa a vomi dans la voiture au trente-septième virage et il a fallu rester en apnée jusqu'au village, quatorze virages plus loin.

Montfloury n'avait pas changé, mais sous la neige tout était encore plus mignon. Quand nous sommes arrivés au chalet, Guy et Martine Gandier nous ont accueillis en déclarant :

– Au niveau ski, ça va être dur. La station est minuscule. Huit pistes...

– Huit pistes ! a-t-on crié en chœur, Lou et moi.

On s'est tournées vers maman qui a eu un sourire gêné. Elle a précisé :

– En fait, j'ai surtout pris des renseignements pour le ski de fond.

Lou a mis sa tête entre ses mains, signe de grand désespoir chez elle.

– Où elles sont, mes copines les vaches ? s'est exclamée Luna en montrant le pré vide face au chalet.

– Elles sont bien au chaud dans une étable, lui a dit maman pour la rassurer.

– Certaines sont bien au chaud dans l'estomac du fermier qui les a dévorées, a ironisé Maxime qui venait d'apparaître devant nous.

Lou a sursauté en entendant sa voix.

– Je ne veux pas que le fermier mange les vaches ! s'est mise à pleurer Luna.

Pour ne plus entendre notre sœur pleurnicher, Lou et moi sommes allées nous installer dans notre chambre commune de l'été dernier.

– Quel crétin ce Max ! m'a murmuré Lou. Faire pleurer une enfant de cinq ans ! Je sens que je vais passer les pires vacances de ma vie. Huit pistes et un ex dans les pattes, tu imagines ?

Je n'ai pas eu le temps de répondre parce que Lisa est entrée comme un ouragan dans la chambre en criant :

– Laure, il y a Benjamin qui veut te voir. Waouh ! L'amour frappe à ta porte…

Rouge de honte, je lui ai fait signe de se taire et je me suis dirigée vers le salon. Benjamin m'attendait, son irrésistible sourire aux lèvres. En le voyant, je suis instantanément retombée amoureuse de lui. Ses beaux cheveux bouclés étaient plus courts que cet été et ses yeux verts paraissaient encore plus grands.

– Salut Laure, s'est-il exclamé. J'ai su par le propriétaire du chalet que les Parisiens de cet été étaient de retour.

– C'est gentu d'être veni, j'ai bredouillé. Euh… Gentil… Venu…

Benjamin, qui n'a pas remarqué ma gêne, m'a expliqué qu'il était prêt à me faire visiter « Montfloury sur neige ».

– Huit pistes, ça peut paraître petit, a-t-il déclaré. Mais je t'emmènerai dans des coins que personne ne connaît et tu verras que ma station est immense.

– Huit pistes, c'est déjà génial ! me suis-je exclamée alors que je venais de critiquer la taille de la station avec Lou.

– Rendez-vous demain vers 14 heures devant le tire-fesses ? Tu es OK ?

J'ai agité la tête de haut en bas avec force pour montrer mon enthousiasme.

Mes parents m'ont permis de l'accompagner sans aucun problème.

Quand j'ai regagné ma chambre, je ne touchais plus terre. Lou, roulée en boule sur son lit, broyait du noir. Revoir Maxime ne lui faisait aucun bien.

– Alors ? m'a-t-elle demandé avec un sourire triste. Le Benjamin d'hiver est-il aussi beau que le Benjamin d'été ?

– Ouais, ai-je répondu d'un air détaché. Mais il ne m'intéresse pas.

Je n'ai pas eu le cœur d'avouer à ma sœur totalement déprimée par son chagrin d'amour que je venais d'être foudroyée sur place et que le Benjamin des neiges était encore plus craquant que celui de mes souvenirs.

J'étais pressée d'être au lendemain.

Ma première nuit au chalet a été peuplée de doux rêves. Je nous imaginais Benjamin et moi glissant en cadence sur les pistes ensoleillées. L'étoile d'or épinglée sur ma combi de ski scintillait et Benjamin me félicitait pour mon niveau.

Mes jolis songes ont viré au cauchemar le lendemain, vers 15 heures, lorsque la tempête de neige est venue tout gâcher…

Plongés dans le noir

Benjamin n'a pas prononcé un seul mot depuis que nous sommes chez lui. Je pense qu'il a honte de s'être perdu dans sa station. D'autant plus que son père explique à mes parents qu'il n'aurait JAMAIS dû m'emmener faire cette balade sans consulter la météo...

– Tu sais, je ne t'en veux pas, je chuchote en me tournant vers mon Esquimau préféré. Je n'avais pas peur avec toi.

Je n'avais pas peur, j'étais terrorisée… On a le droit de jouer avec les mots quand on est amoureuse.

– C'est gentil, me répond Benjamin avec un petit sourire.

Je fonds de bonheur quand il me regarde ainsi mais je n'ai pas le temps d'en profiter. Mes parents sont invités à prendre l'apéritif et maman demande à Lou de nous ramener au chalet. Elle explique :

– Laure est trempée, elle doit se changer ! On vous rejoint pour le repas.

Quand on pénètre dans le chalet, une fumée âcre nous saisit à la gorge et nous pique les yeux. Max est devant la cheminée et il s'escrime à souffler sur des braises inexistantes.

– Mais pourquoi tu souffles sur la fumée ? dit Luna. Tu veux l'éteindre ?

– Quel boulet ! me chuchote Lou.

– Mes parents sont allés acheter à manger, nous explique Max. Ils m'ont demandé de…

L'ex-chéri de ma sœur ne finit pas sa phrase, il se met à tousser et Lisa lui tape gentiment dans le dos tout en se bouchant le nez. Lou en profite pour s'approcher de la cheminée. Elle rassemble des bûchettes sur du papier journal, y met le feu et, en quelques minutes, les premières flammes s'élèvent.

Lisa et Luna, enthousiastes, applaudissent à tout rompre.

– Pfft ! lance Lou en se relevant. Trop facile.

Max s'est arrêté de tousser et il fixe le feu d'un air interrogateur. Il ne peut pas savoir que notre grand-père est le roi des feux de cheminée et que Lou a passé son enfance à apprendre sa technique.

Je décide d'aller me changer. En rentrant dans ma chambre, je suis saisie par le froid.

– Il fait moins douze ici, dis-je à Lou qui vient chercher de quoi se couvrir.

Derrière la vitre, les flocons tourbillonnent. Le chalet est grand et les radiateurs électriques ne sont pas très efficaces. Vers 19 heures, les Gandier nous téléphonent pour prévenir qu'ils sont aussi chez Benjamin pour l'apéritif et qu'ils rentreront plus tard que prévu. Comme on a tous très faim, on décide de se mettre à table sans attendre les adultes.

L'atmosphère est carrément glaciale entre Maxime et Lou. Ils évitent soigneusement de s'asseoir l'un à côté de l'autre et ils agissent comme s'ils étaient transparents. Heureusement, on peut toujours compter sur Luna pour mettre de l'ambiance. Elle a absolument voulu manger avec son bonnet rose sur la tête et elle n'arrête pas de pleurnicher.

– John me manque, répète-t-elle en boucle.
– C'est ton chéri ? lui demande Bixente d'un air taquin.
– Pfft, répond Luna en secouant la tête. Moi j'ai pas de chéri, comme ça, je pleure pas à cause d'eux.

Lou n'a pas le temps de réagir. Tout à coup, la lumière s'éteint.
– Maman ! hurle Luna qui me détruit le tympan droit. Qu'est-ce qui se passe ?
– On se calme, dit Max. Les plombs ont dû sauter. Je vais arranger ça.
– C'est ça Superman, va arranger ça, ironise Lou dans un murmure.

Le feu de cheminée jette une pâle lueur dans la pièce et nos ombres projetées sur les murs sont déformées et un peu inquiétantes.

– Ououhh, je suis le lououp, fait Bixente d'une voix d'outre-tombe.

Lisa pouffe, mais je vois bien qu'elle regarde tout autour d'elle d'un air anxieux. Lou a allumé son portable et Luna se cramponne à ma sœur comme à une bouée de sauvetage.

Max revient quelques minutes plus tard.

– Les plombs n'ont pas sauté, souffle-t-il en se rasseyant. La coupure est générale. Regardez.

On se tourne tous vers la fenêtre et on constate que le village est plongé dans le noir.

– Il faut trouver de quoi nous éclairer, affirme Lou qui se lève.

Je la suis et, à la lueur de son portable, on déniche quelques bougies dans la cuisine. On les dispose un peu partout dans le salon et, tout de suite, la pièce prend des allures de fête.

– Elle revient bientôt, maman? demande Luna toujours scotchée à Lou.

Comme pour répondre à sa question, les adultes ouvrent la porte d'entrée. Notre petite sœur court se jeter dans les bras de papa qui nous confirme qu'il y a une panne d'électricité due à la tempête de neige.

– On va faire comment pour dormir sans chauffage? le questionne Lisa qui est très frileuse.

– À la guerre comme à la guerre ! lance Guy, le roi des proverbes. On va mettre les jeunes au chaud et les autres dormiront à la fraîche.

– Ce qui signifie ? interroge papa d'un ton légèrement inquiet.

– On entasse les matelas devant le feu qu'on bourre de bûches, et les filles et les garçons s'y blottissent tous ensemble en tâchant de s'endormir.

– Il est hors de question que je dorme à côté de Max, me chuchote Lou. Même pas en rêve.

Lisa fronce les sourcils et déclare :

– Je ne veux pas rester trop près de la cheminée parce que j'ai lu qu'il pouvait y avoir des braises qui sautent. Si une couette brûle…

– Tais-toi Lisa, ordonne Lou que la panne électrique rend nerveuse. Je te signale qu'il y a un insert, donc tu ne risques rien !

Bixente et Max s'installent dans le canapé, un peu plus loin.

Lou part chercher sa troisième polaire pendant que je m'emmitoufle dans ma couette, au coin du feu.

Mes deux petites sœurs me rejoignent très vite.

– C'est trop bien Montfloury, murmure Luna qui se blottit contre moi, on fait des trucs rigolos.

J'entends Lou crier :

– Huit degrés dans ma chambre ! Je vous préviens, je ne dormirai pas toutes les nuits en tas avec mes sœurs près de la cheminée.

Elle nous rejoint, enroulée dans sa couette avec un bonnet sur la tête. Elle s'assied à côté de moi en bougonnant. Max, qui a apporté sa guitare, joue doucement en fredonnant.

– Il se prend pour un pro, me murmure Lou en levant les yeux au ciel. En fait, il sait à peine jouer deux accords...

C'est alors qu'on entend des coups frappés à la porte d'entrée. Papa et Guy Gandier vont ouvrir et ils reviennent avec le père de Benjamin. Lorsqu'il entre dans le salon, une vague de froid polaire l'accompagne...

– Il y a une coupure générale d'électricité dans la vallée, nous explique-t-il en secouant son bonnet couvert de neige. On ignore quand le courant sera rétabli. Je fais le tour des chalets isolés pour voir quel est votre niveau de confort.

– Ici, tout est électrique, déclare papa. À part la cheminée, nous n'avons pas de chauffage.

– Vu la tempête, le chalet aura encore perdu plusieurs degrés d'ici demain matin. Je vous propose de nous confier les enfants afin qu'on les mette au chaud dans les chalets équipés au fuel.

Finalement, le programme de la nuit change complètement. Maman part avec Luna chez un voisin proche, Martine va dormir avec Bixente chez un deuxième voisin. Lou accompagne Lisa dans un troisième chalet. Quant à moi, je suis le père de Benjamin. Ce qui ne me dérange absolument pas... Au contraire !

– Vous allez mettre un col roulé sous votre pyjama, lance maman qui est déjà en train de « rembourrer » Luna. Et vous ajouterez une polaire sous la doudoune...

– Et puis quoi encore ? se moque Lou. On enfile aussi nos anoraks de ski sur la doudoune ?

– Tu veux qu'on ressemble à des bonhommes Michelin ? dis-je, horrifiée.

Je me retrouve, tel un Bibendum des neiges, en face d'un Benjamin hilare qui m'accueille avec un :

– Tu es prête pour partir en expédition au pôle Nord !

Toute rouge, je me dépêche d'enlever mes épaisseurs et Benjamin m'escorte jusqu'à la chambre où je vais dormir. Au passage, il me montre la sienne.

– Waouh, tu as des tonnes de coupes ! je m'exclame en m'approchant d'une vitrine où trône une dizaine de trophées.

– Je fais des compétitions de ski, m'explique Benjamin en ouvrant la vitrine pour que je puisse admirer de plus près ses récompenses.

– Moi, j'ai juste envie d'obtenir l'étoile d'or. Je suis loin d'être à ton niveau…

– C'est déjà très bien ! s'exclame mon Inuit préféré. Si tu veux, je t'aiderai. Je peux t'apprendre quelques trucs pour que tu sois encore plus rapide.

J'en rougis de bonheur.

Quand je regagne la chambre d'amis, il règne une douce chaleur dans la pièce. Après avoir éteint, je me précipite sous la couette.

Avant de m'endormir en ce premier soir de tempête, j'imagine les belles journées qui m'attendent dès que le soleil reviendra. Je vais skier avec le plus mignon des moniteurs.

Un vrai programme de belles vacances...

De la neige, encore de la neige

En me réveillant le lendemain, il me faut quelques secondes pour réaliser où je me trouve.

Je suis chez Benjamin, c'est notre deuxième jour de tempête et il n'y a toujours pas d'électricité puisque je n'arrive pas à allumer ma lampe de chevet.

Je m'habille de façon présentable, j'arrange ma coiffure et je me dirige vers la cuisine.

– Salut ! me lance Benjamin qui boit un bol de lait. Bien dormi ?

Je secoue énergiquement la tête tout en m'asseyant à côté de lui. J'imagine qu'on est isolés dans un coin de montagne et qu'on prend le petit-déjeuner dans l'igloo qu'on a construit ensemble. La neige qui tombe sans discontinuer rend mon rêve encore plus concret…

– Tu as vu qu'il n'y a toujours pas d'électricité ? constate Benjamin.

J'ai envie de lui répondre :

« C'est normal puisqu'on est dans notre igloo, mon Inuit chéri… »

Mais à la place, je demande :

– On ne pourra pas skier ?

– À part si tu veux tenter à nouveau le plan igloo, me répond Benjamin.

– Pourquoi pas ? dis-je en riant. Tu pourrais me donner des cours.

– Ce n'est pas compliqué de fabriquer des cubes de neige. Il faut juste un peu d'entraînement. Mon père m'a montré…

Mais au moment où Benjamin s'apprête à me révéler les secrets d'un igloo capable d'abriter une famille entière d'Inuits, il est interrompu par un bruit de clochettes. Un traîneau tiré par des chiens se range devant le chalet. Mes sœurs en descendent, accompagnées de maman et d'un homme immense, avec des cheveux longs et une grosse barbe.

– C'était trop bien le voyage ! crie Luna en entrant. Moi, plus tard, je serai entraîneuse de chiens.

L'inconnu discute avec Benjamin et j'apprends qu'il est éleveur de chiens de traîneau. Il s'est proposé de raccompagner maman et Luna qu'il a hébergées pour la nuit. Au passage, il s'improvise

« taxi » pour le reste des 4 L. Ce qui signifie malheureusement que je vais devoir quitter Benjamin.

Au moment de partir, Luna lance :

– Moi, je veux le même pyjama que Benjamin. Il est trop beau.

Je découvre alors que Benjamin porte un pyjama bleu avec des oursons verts. Très occupée à l'imaginer en Esquimau des neiges, je ne l'avais même pas remarqué !

Je me précipite dehors pour ne pas rire, et je monte sur le traîneau. Les chiens, au nombre de six, se déplacent dans un ensemble parfait. On entend juste le crissement des patins dans la neige, le halètement des bêtes et le tintement des clochettes de leurs colliers.

Quand nous pénétrons dans le chalet, l'ambiance est lugubre. Papa, Guy et Maxime ne font qu'éternuer devant leur bol de lait froid.

Max joue au soldat héroïque et ne prononce pas une parole, le nez dans son bol.

– Alors, c'était comment cette nuit chez le beau Benjamin ? me demande ma sœur. Il a des chaussons assortis à son pyjama ?

– Je n'en sais rien, dis-je en riant. En tout cas, chez lui, il fait chaud.

– Moi, hier, j'ai rencontré un garçon génial dans le chalet où j'ai dormi, m'explique Lou. On s'est donné rendez-vous cet après-midi.

Maxime s'étrangle en avalant sa tartine et il tousse violemment. Lou lui jette un regard exaspéré et pianote sur la table en attendant que sa crise cesse.

– Georges m'a expliqué le fonctionnement de la station et il a une proposition à me faire. On en parlera tout à l'heure.

– Il s'appelle Georges ? Comme papi ? je m'exclame, horrifiée.

– Oui. Mais son surnom c'est Joe, ça va mieux avec son look. Il est super cool.

Lou affiche un sourire satisfait. Elle file dans notre chambre et en revient changée.

Elle porte son magnifique pull à losanges et elle s'est maquillée. Max lui jette un regard admiratif mais elle l'ignore superbement.

Après avoir réparti des poêles à bois prêtés par des voisins dans les pièces à vivre, Guy et papa nous appellent.

– Les nouvelles à la radio ne sont pas bonnes, les p'tits gars ! annonce Guy. Vague de froid polaire sur toute la France pour cette semaine.

– De nombreux endroits sont privés d'électricité, ajoute papa. Notre coin de montagne en fait partie. Nous allons devoir vivre comme au siècle dernier.

Je m'imagine coincée ici jusqu'à la fin des vacances, sans chauffage et sans pouvoir profiter des pistes. Adieu mes chances de m'entraîner pour l'étoile d'or avec mon super moniteur !

– On peut continuer à vivre normalement même s'il fait très froid, j'affirme tout bas à Lou. Il faut juste prendre exemple sur les Inuits !

– Justement, on n'est pas des Inuits, me répond-elle en haussant les épaules. Tu as vu comme maman veut qu'on se couvre dès qu'on sort ? Tu imagines à quoi on va ressembler avec moins vingt-cinq sur les pistes ?

Je fixe les flocons qui tombent derrière la fenêtre du salon lorsqu'une silhouette que je connais apparaît derrière le rideau de neige...

Le cœur battant, j'ouvre la porte à toute vitesse à Benjamin. Il vient peut-être me proposer de m'installer dans son chalet…

– C'est ma mère qui m'envoie, m'explique-t-il. Tu as oublié tes chaussettes.

Il me tend alors mes horribles chaussettes couvertes de canards de toutes les couleurs que j'avais mises en deuxième paire. Je rougis et je bafouille :

– Merci… Mais il ne fallait pas.

– Ton chalet était sur mon trajet. Je pars rejoindre mon père. Il a besoin de moi pour déneiger un chemin. À plus !

Et il me plante là, avec mes chaussettes à la main. C'est trop injuste ! J'aurais pu devenir une amie proche (peut-être même très proche) d'un des plus beaux garçons des Alpes du Sud, et voilà qu'une stupide paire de chaussettes nous éloigne à tout jamais.

Lorsque la neige s'arrête enfin, il est plus de cinq heures et la nuit tombe déjà.

Lou, qui a bravé le froid polaire pour rendre visite à son nouvel ami, essaie de se réchauffer devant le feu.

Max joue de la guitare, assis sur le canapé. Il doit être vraiment déprimé si on en croit les airs qu'il fredonne...

Lisa et Bixente se disputent sous la tente qu'ils ont fabriquée à l'aide de la table de la salle à manger et d'une immense couette.

Luna pleurniche parce qu'elle a perdu sa baguette magique.

Pelotonnée sur des coussins près de Lou, je murmure en désignant maman et Martine qui disposent des bougies partout en chantonnant :

– Il n'y a que les adultes qui s'éclatent ! La vie sans électricité les rend heureux.

– C'est la régression complète depuis qu'on est ici, approuve Lou en s'étirant. Bientôt, ils vont nous proposer d'aller chasser le caribou ! Heureusement j'ai des projets intéressants. Si la météo le permet, dès demain je retrouve Joe et…

Comme Max se met à chanter plus fort, ma sœur m'entraîne vers la seule pièce déserte : la salle de bains.

– Vous avez trouvé ma baguette magique? demande Luna en ouvrant la porte qu'on vient à peine de fermer.

– Qu'est-ce que vous faites toutes habillées dans la baignoire? nous questionne Lisa qui la suit.

– On discute! crie Lou d'un ton excédé.

– On cherche ce qu'on pourrait faire dans une station plus petite qu'un glaçon et plus froide que la banquise, alors qu'on est privés d'électricité et qu'on ne peut pas skier! dis-je en prenant Luna sur mes genoux.

Lisa lance alors :

– Montfloury, j'adore! Avec Bixente, je m'amuse drôlement bien.

– Tu as de la chance, je constate. Pour moi, c'est le calme plat.

– Plus pour moi, claironne Lou. Joe a un plan génial pour gagner un peu d'argent. Avec des copains, il organise du baby-sitting à la garderie de la station. Il m'a proposé de me joindre à eux.

– Je peux venir à ta garderie ? supplie Luna.

– Sûrement pas ! s'exclame Lou. Je m'occupe de toi toute l'année, c'est largement suffisant.

– Eh ben, je ne te prêterai plus jamais ma baguette magique, même si je la retrouve, pleurniche Luna en quittant la salle de bains.

Lisa la suit, persuadée que ses huit ans ne seront pas plus convaincants.

Heureusement pour moi, mes douze ans passés me permettent d'entrer dans la cour des grands puisque Lou me glisse :

– Si tu veux, tu peux m'accompagner demain. Tu t'ennuieras moins.

Je lui saute au cou en lui affirmant qu'elle est une sœur au top.

Après un repas pris à la lueur des bougies, Max propose une partie de Monopoly à Bixente, Lisa et Luna qui acceptent avec enthousiasme.

– Viens avec nous, Lou, s'écrie Luna. Tu m'aideras à compter mes zeuros...

– Le Monopoly, c'est plus drôle quand on y joue *toutes* ! insiste Lisa en me prenant par la main.

Lou n'a aucune envie de s'asseoir en face de son ex, mais elle finit par accepter à contrecœur... La partie commence dans un silence glacial. Dès que Lou et Max doivent s'échanger des billets, ils se contentent de signes de tête. Comme Lisa et Luna les imitent, on finit tous par pouffer de rire... À part Lou qui nous jette des regards excédés.

Pour dormir cette nuit-là, on installe un campement dans le salon près du feu.

Lou, très énervée, me rejoint avec un bonnet sur la tête, des gants et trois paires de chaussettes.

C'est notre troisième nuit à Montfloury.

Et la deuxième sous les flocons…

Le projet Lou

– Y a la lumièèère ! Y a la lumièèère !

C'est la douce voix de Luna qui réveille tout le monde, en ce quatrième matin à Montfloury. Elle court partout en mode sirène en allumant les lampes du chalet les unes après les autres.

– Personne ne peut lui enlever ses piles ? demande Max qui nous rejoint dans la cuisine.

– Le seul moyen pour la faire taire, c'est de la bâillonner, lui explique Lisa très sérieusement. Moi, quand elle hurle trop, je lui mets la main sur la bouche.

Les Steph au carré nous rejoignent avec une Luna calmée.

– Finalement, la panne a été assez vite réparée. On va enfin pouvoir chauffer ce chalet ! s'exclame papa.

– Et profiter des remontées mécaniques et de boissons chaudes, ajoute maman qui branche la cafetière.

Comme elle semble d'excellente humeur, j'en profite pour lui exposer nos projets de baby-sitting.

– Excellente idée, approuve maman alors que Lou me rejoint dans la cuisine. Mais promettez-moi de vous couvrir.

Elle insiste pour nous prêter deux immondes chapkas que nous enlevons dès que nous ne sommes plus en vue du chalet.

Quand nous arrivons au pied des pistes, Lou m'entraîne vers un garçon très bronzé, avec de beaux yeux bleus. Il porte une casquette d'où dépassent des cheveux longs très blonds.

– Salut ! nous crie-t-il. Tu as amené des renforts, Lou ?

Ma sœur lui fait la bise et me présente :

– Joe, voici Laure, ma sœur.

Celui-ci nous explique rapidement son « travail ».

– Ce chalet là-bas, c'est la garderie de la station. On s'occupe des enfants pendant une heure, parfois deux.

On va vers la salle où deux familles de touristes déposent leurs enfants. Lou occupe les deux fillettes avec des puzzles pendant que Joe sort faire de la luge avec le garçon. Moi, je me rends utile en triant les Lego éparpillés.

Lorsque les deux familles viennent récupérer leurs enfants, on décide d'aller boire un chocolat chaud. En sortant, Lou se précipite derrière moi :

– Au secours, murmure-t-elle. Max !

Effectivement, l'ex-chéri de ma sœur se dirige tranquillement vers nous. Il discute avec deux filles.

– Hors de question que je reste plantée là à le regarder faire le beau, s'écrie Lou. Je pars skier avec Joe !

Ma sœur court rejoindre son nouvel ami qu'elle entraîne vers les pistes.

Je me retrouve donc seule et j'envisage très sérieusement de rentrer au chalet quand une silhouette familière se profile au loin : Benjamin ! Après un dérapage magnifique, il se range à côté de moi.

– Qu'est-ce que tu fais en bas des pistes ? Tu n'as pas skié ? dit-il.

Je lui raconte mon heure de baby-sitting avec Lou et Georges.

– Je connais Joe, c'est le chéri de ma cousine, commente Benjamin.

– Le chéri... chéri ? je sursaute.

Benjamin me regarde d'un drôle d'air.

– Ben oui. Pourquoi ?

Je me sens triste pour Lou. Elle retrouve un amoureux potentiel, mais il est déjà pris. Et en plus, elle l'ignore.

– Tu aurais dû skier ce matin, Laure, je pensais te voir sur les pistes, me lance Benjamin. La météo prévue pour cet après-midi est très mauvaise.

– Mais on pourrait peut-être skier un peu maintenant ?

– On verra demain parce que là, je dois rentrer. C'est bête qu'on ne se soit pas croisés plus tôt…

Benjamin m'adresse un sourire qui me foudroie sur place. Il agite sa main et descend plus bas pour déchausser ses skis. Si seulement j'avais eu l'idée de partir sur les pistes ce matin…

Un peu démoralisée, je regagne le chalet et me réfugie sous ma couette avec la ferme intention de dormir pendant le reste de mes vacances.

Lou interrompt ma sieste une heure plus tard en se jetant sur son lit.

– J'ai skié avec Joe et, en trente minutes, on a eu le temps de visiter TOUTE la station tellement elle est petite ! lance-t-elle. En plus il recommence à neiger.

– Ouais, je bougonne en ouvrant un œil. D'ailleurs, j'envisage très sérieusement d'hiberner. Réveille-moi à la fin des vacances.

Soudain, je sens ma couette s'envoler et Lou crie :

– Réunion de crise, il y a urgence ! Sors de ce lit !

Ma sœur me secoue en appelant les deux petites L qui arrivent quelques secondes plus tard, les joues toutes rouges puisqu'elles viennent de rentrer.

– On a essayé le ski de fond avec papa, annonce Lisa, c'était trop bien !

– Mais moi, j'aurais préféré faire du baby-sitting avec Lou et Laure, commente Luna qui vient se lover contre moi.

– Justement, lance Lou. J'ai besoin de ton avis, Luna. Pour toi, ce serait comment un endroit sympa à la neige où tu aurais envie de t'amuser ?

Notre petite fée rose en perd la parole : c'est bien la première fois qu'on lui demande son avis. Mais elle se reprend très vite :

– Moi, j'aimerais qu'il y ait une fée des neiges avec une vraie baguette magique. Et des bonhommes de neige qui parlent. Beaucoup de luges avec des petites bosses pour qu'on crie. Et aussi une cabane des neiges…

– Pour les bonhommes de neige qui parlent, ce ne sera pas facile, souligne gravement Lisa.

– Pourquoi tu poses cette question à Luna ? je demande à Lou. Tu as une idée ?

Ma sœur prend un air très professionnel, comme lorsqu'elle veut nous expliquer sa vie.

– Pour ne pas déprimer face aux conditions météo, il faut s'occuper. J'ai envie de proposer à Joe et ses copains d'offrir aux touristes un village des neiges pour leurs enfants.

– Moi je trouve ça génial, un village des neiges, commente Lisa. Je vais en parler à Bixente et on te donne des idées.

Un peu sceptique, je questionne Lou.

– Comment tu vas attirer les parents dans ce village ?

– Simple ! On fabrique des bonhommes de neige, un mini luge-park. On peut faire des sculptures de neige. Ensuite, on colle des affiches dans Montfloury.

– Est-ce qu'il y aura AUSSI une fée des neiges ? demande Luna qui s'impatiente.

Comme je lui promets qu'on fera notre possible pour en trouver une, la petite fée rose nous quitte en chantonnant.

C'est alors que j'ai une idée assez géniale.

– Dis donc Lou, et si on construisait un igloo ? Ça attirerait du monde, tu ne crois pas ?

– Super ! s'exclame ma sœur. Même plusieurs igloos. Tu sais en construire, toi ?

Je souris en pensant à mon Inuit préféré. Je viens de trouver un moyen pour le revoir.

– Moi, non, pas du tout mais Benjamin, lui, il sait.

– L'idéal, poursuit Lou, serait qu'on construise notre village près du chalet pour se mettre au chaud si besoin.

Ma sœur et moi, on tourne la tête en même temps vers la fenêtre.

– Le pré d'en face ! s'écrie-t-on à l'unisson.

– C'est idéal. Il appartient au propriétaire du chalet, on aura son accord facilement, ajoute Lou. En plus, il est à cinq minutes des pistes. Je pense qu'il faut aussi demander l'autorisation au maire.

– Il me reste à convaincre Benjamin de nous aider. Il connaît très bien Joe.

Je rougis malgré moi. Je viens de me souvenir que Joe a une petite amie, mais je n'ose pas l'avouer à Lou qui me lance :

– Je vais aller lui parler de notre projet. Toi, occupe-toi du spécialiste des igloos.

J'acquiesce, enthousiaste. À l'idée de revoir Benjamin, je me sens pleine d'énergie et toute envie d'hiberner a disparu.

– Lou, tu me prêtes ton pull à torsades ?

Ma sœur fait une grimace.

– Tu me l'as déjà emprunté une fois. C'est pour faire la belle auprès de Benjamin, je parie ?

Comme je baisse les yeux, ma sœur ajoute :

– Bon... Mais c'est exceptionnellement exceptionnel, je te préviens ! Et prends le bonnet assorti, ce sera plus joli.

Je l'attire contre moi pour lui faire une bise qui claque contre sa joue.

– Ah ces jeunes et l'amour, murmure-t-elle en s'éloignant.

Une visite contre un igloo

En début d'après-midi, je me dirige vers le chalet de Benjamin. En chemin, j'ajuste vingt fois mon bonnet et, pour que mon pull assorti soit bien visible, j'entrouvre mon anorak malgré le froid.

J'ai répété un petit discours, mais je me sens nerveuse en tapant à sa porte. Lorsqu'il m'ouvre, il est prêt à sortir.

– Laure, on n'arrête pas de se croiser aujourd'hui ! s'exclame-t-il.

Je me sens affreusement gênée.

– Excuse-moi de te déranger mais... j'aurais besoin de toi.

Je remets mon bonnet en place une vingt et unième fois. Benjamin me regarde bizarrement.

– Pour quoi faire, Laure ? demande-t-il enfin.

– J'aimerais que tu m'apprennes à construire un igloo.

– Un igloo ? répète-t-il. Mais vous n'avez plus de chalet ?

J'essaie de ne pas rire et je lui explique le projet que nous avons mis au point avec mes sœurs.

– Un village des neiges ? s'étonne Benjamin. Y a que des Parisiens pour imaginer des trucs pareils ! Bon, je peux venir un peu demain matin.

– Ah... Juste demain matin, je grommelle, déçue.

– Après, je vais voir Monette. D'ailleurs, je vais chez elle cet après-midi aussi.

Vexée d'être reléguée au second plan, je lance en essayant de rester digne :

– Bon après-midi avec Monette. Et laisse tomber l'igloo ! Demain, ce sera trop tard.

Alors que je m'éloigne, Benjamin me rattrape.

– Ma grand-mère s'est cassé la jambe. Comme mes parents travaillent, je lui apporte des repas préparés par ma mère.

À ce moment-là, j'ai juste envie d'être une souris et de disparaître dans un trou. Moi qui croyais que Monette était le surnom de la petite copine officielle de Benjamin. Soulagée, je chuchote :

– Ah. Ta grand-mère…

Pour me rattraper, j'ajoute :
– Moi j'adore les mamies ! Tu dois être content d'aller la voir !
– Euh, ça dépend des jours, avoue Benjamin. Elle me raconte en boucle ses histoires de guide que je connais par cœur. Je préférerais...
Benjamin ne finit pas sa phrase, il me regarde en souriant.
– Tu préférerais construire un igloo par exemple ? Et si j'allais rendre visite à ta grand-mère à ta place ?
– Que tu ailles voir Monette ? s'écrie mon Inuit préféré. Tu ne la connais pas.
– On fera connaissance. Si j'amène mes sœurs, tu peux être sûr qu'elle ne s'ennuiera pas ! Et toi, pendant ce temps, tu commenceras à bâtir un igloo dans notre pré. Comme on en aimerait au moins deux, tu auras du travail !
Benjamin accepte vite ma proposition.
Je repars exposer à mes sœurs l'arrangement conclu avec lui.

– L'idéal serait que j'accompagne Lisa et Luna chez Monette pendant que tu coaches Benjamin et Joe ici, dis-je à Lou.

– Mais moi, je n'ai pas envie d'aller voir une mamie que je ne connais pas ! proteste Lisa.

– Et moi, je veux construire un igloo, ajoute Luna.

Pour convaincre mes sœurs, je suis obligée d'improviser.

– Monette adore les fées, dis-je d'une voix enthousiaste. En plus, elle a des tonnes de livres chez elle.

Mes mensonges finissent par décider les deux petites L qui acceptent de m'accompagner. Lou m'explique que Joe et Younès, l'un de ses amis, la rejoindront dans l'après-midi pour commencer à bâtir notre village des neiges.

Le maire a donné son accord à Joe, et le propriétaire de notre chalet a affirmé qu'embellir son champ était une excellente idée !

Quand Benjamin vient nous chercher, Lisa, Luna et moi sommes prêtes à le suivre.

Monette vit en plein cœur du village. Elle nous ouvre la porte appuyée sur des béquilles et habillée en jogging.

– Monette, je te présente trois amies qui viennent de Paris, explique Benjamin. Elles sont sœurs et elles vont te tenir compagnie cet après-midi parce que je ne peux pas rester.

– Ah… répond sa grand-mère un peu déçue. Et tu vas où, mon chaton ?

Le chaton qui grogne un peu à cause du surnom explique rapidement notre idée de village des neiges et la nécessité pour lui d'y construire un igloo, puis il nous quitte. Mes deux sœurs ne bougent pas, impressionnées par cette vieille dame qui, malgré ses béquilles, se déplace plutôt rapidement.

– Je m'appelle Laure, dis-je pour rompre la glace, et mes sœurs Lisa et Luna.

Toujours muettes, les deux petites L tentent un vague sourire.

– J'ai une troisième sœur aussi qui s'appelle Lou. On nous surnomme les quatre L à cause de…

– … vos initiales, complète Monette. C'est charmant, quatre sœurs. Asseyez-vous, mes petites.

– Eh ben moi, je ne suis plus petite parce que j'ai cinq ans et demi ! affirme Luna qui retrouve l'usage de sa langue.

Et je suis dans la classe des moyens-grands, chez la directrice !

– Et toi, ma chérie ? Quel âge as-tu ? demande Monette en se tournant vers Lisa.

– Huit ans et demi, madame, répond ma sœur qui s'est assise bien sagement en croisant les jambes comme une vraie dame. Mon anniversaire est dans six mois.

Monette pose une série de questions sur notre famille et pendant que je réponds, Luna se lève et inspecte minutieusement le salon en entraînant Lisa. Elle s'approche avec un cadre dans les mains.

– Regarde, Laure ! s'exclame-t-elle. Lisa a reconnu la Monette d'avant.

La grand-mère de Benjamin se met à rire. Luna me tend la photo. J'identifie Monette en tenue de ski, une corde enroulée autour de son bras et un piolet à la main.

– J'avais vingt-cinq ans tout juste, nous explique-t-elle. Je faisais une randonnée avec des touristes que j'amenais au glacier… J'ai été la première femme guide de haute montagne dans la vallée. Ce n'était pas courant à l'époque qu'une femme choisisse un métier aussi dangereux. Il m'est arrivé de descendre dans des crevasses pour aller chercher des gens accidentés…

– Et tu t'es cassé la jambe en tombant dans la crevasse ? s'écrie Luna horrifiée.

– Non ma chérie, sourit Monette. J'ai arrêté ce travail il y a déjà quinze ans. Mais je fais encore beaucoup de randonnées lorsque je n'ai pas de plâtre !

– Si tu t'ennuies, tu peux venir avec nous au village des neiges, continue Luna. On t'invite.

– Ça me ferait très plaisir, répond Monette. Mais je ne peux pas trop me déplacer en ce moment, tu sais…

Quand on part, après le goûter, Luna se jette dans les bras de Monette comme si elle la connaissait depuis toujours.

– On reviendra te voir, lui promet-elle. Et tu me montreras ta baguette magique ?

– Bien sûr ! lui répond la grand-mère de Benjamin en agitant la main pour nous dire au revoir.

Une belle surprise nous attend quand nous arrivons dans le pré. Nos futurs igloos commencent à apparaître ! Bixente nous explique qu'il a aidé Joe, Benjamin et Younès et que Max est venu donner un coup de main en rentrant du ski.

– Pfft, commente Lou à voix basse, il a juste posé deux blocs, histoire de jouer à l'Inuit après avoir fait son play-boy sur les pistes. Heureusement que Joe est SUPER efficace !

Max, qui a entendu la dernière phrase de Lou, secoue la tête, puis il se dirige à pas lourds vers le chalet.

L'ambiance entre ma sœur et lui reste à l'image de la météo… glaciale.

Une fois à l'intérieur, je suggère qu'on cherche des slogans pour faire de la pub à notre village.

– J'en ai trouvé un, propose Max. « Vos enfants pleurent tout le temps ? Qu'ils visitent le village des neiges un moment ! »

Évidemment, Lou lève les yeux au ciel.

– Ou alors « Vous ne supportez plus vos enfants ? Le village des neiges les accueille contre de l'argent », continue Max qui n'a pas compris que, quelles que soient ses propositions, Lou les rejettera.

Finalement, comme l'ex de ma sœur me fait de la peine, je trouve une formule qui nous convient :

« La magie s'est posée au village des neiges à Montfloury...

Amenez vos enfants le visiter, vous n'allez pas le regretter ».

On ajoute le prix de l'entrée qui est de 6 euros par enfant pour une heure.

Je passe la soirée à dessiner des affichettes, Lou se charge de copier notre slogan tandis que Luna et Lisa colorient mes dessins. Max a repris sa guitare. C'est sa quatrième soirée au coin du feu en solitaire.

La magie à Montfloury

Le lendemain, le froid nous réveille.

– Il fait à peine quinze degrés ! crie Lou en consultant le thermomètre. Et le radiateur ne chauffe plus !

Je me précipite sur ma lampe de chevet. À nouveau l'électricité a été coupée. Deuxième panne en cinq jours ! Consternées, Lou et moi rejoignons la cuisine emmitouflées dans nos couettes.

Comme Lou laisse traîner la sienne par terre, elle se prend les pieds dedans et s'étale en plein milieu du salon, juste devant Max qui arrive en caleçon.

Elle se relève dignement, se drape dans sa couette et bougonne :

– Ras-le-bol de ce chalet glacial.

Après le petit-déjeuner, on se répartit les tâches pour la matinée.

Je suis chargée de déposer les affiches pour notre village dans Montfloury. Lou propose de s'attaquer à la confection des bonhommes de neige avec Luna. Lisa veut s'occuper des mini toboggans pour les luges.

– Bixente m'aidera et Max pourra aider Lou, déclare-t-elle.

– C'est Joe qui m'aidera ! affirme Lou bien fort. C'est un garçon TRÈS serviable.

– C'est quoi serviable ? demande Lisa.

– C'est quelqu'un qui est toujours prêt à t'aider et qui ne te laisse jamais tomber ! lance Lou encore plus fort.

Maxime qui faisait semblant de dormir sur le canapé du salon tressaille.

Alors que maman est en train de couvrir chaudement Luna pour sortir, celle-ci déclare :

– Cet aprèm, je veux retourner manger du pain d'épices chez Monette. Après, on l'amènera visiter notre village et faire de la luge parce qu'en plus, elle a un beau jogging !

J'explique à ma petite sœur qu'on retournera sûrement dire bonjour à Monette, mais qu'elle ne peut pas sortir de chez elle à cause de son plâtre.

– Eh ben on la fera monter dans le traîneau des chiens de François, rétorque Luna.

Maman sourit.

– C'est une chouette idée d'utiliser un traîneau des neiges pour aider les gens coincés chez eux à se déplacer en cas de gros froid.

– Et tu crois qu'on peut demander ce service à François ? je la questionne.

– Pourquoi pas ? Il faudrait aller le voir pour lui en parler, répond maman.

– Ben oui ! continue Luna. Pourquoi pas ?

Ensuite, je pars au village accrocher des affiches pendant que mes sœurs s'attaquent à la réalisation des bonhommes de neige et des bosses à luge. Lorsque je les retrouve avant le déjeuner, Lou a une idée géniale.

– Si tu veux, me propose-t-elle, j'accompagne les deux petites L chez la grand-mère de Benjamin tout à l'heure. Comme ça, je fais la connaissance de Monette et j'évite d'être avec Max.

– Et moi, je reste l'après-midi avec mon Inuit préféré, je lui chuchote en rosissant de plaisir.

Mes sœurs partent vers 14 heures et je rejoins le pré. Je m'apprête à ajouter une carotte sur le nez d'un bonhomme réalisé par Lou lorsque je reçois une boule de neige. Je me retourne, furieuse, et je souris. Benjamin est le lanceur ! Pour me venger, j'envoie une pelle de neige dans sa direction. Il l'évite en riant puis il se rapproche.

– Alors, il paraît que tu trouves Monette trop cool ? demande-t-il.

– Elle a plein d'histoires passionnantes à raconter à propos de son métier de guide. Tu as une mamie super active ! Justement, on a eu une idée…

Benjamin me regarde d'un air inquiet. Je lui explique que nous aimerions *toutes* qu'elle visite notre village des neiges.

– Dès que tu auras fini les igloos. Tu es quand même l'architecte principal.

Il dégaine son irrésistible sourire et je suis à nouveau sous le choc. Je bafouille un peu pour lui exposer l'idée de Luna.

– On a pensé que François, qui celui chiens les élève… Euh… pourrait emmener Monette visiter notre village.

Benjamin me regarde avec des yeux ronds. Il s'écrie :

– Vous voulez mettre Monette sur un traîneau avec sa jambe dans le plâtre ?

– Si ça peut lui faire plaisir !

Benjamin met un index sur sa tempe et il le tourne longuement pour me signifier ce qu'il pense de notre idée.

– Bon, dis-je légèrement gênée. On continue les igloos ?

– C'est un peu fou mais c'est une bonne idée, affirme-t-il en posant une main sur mon épaule. Merci pour Monette !

Je baisse la tête pour cacher ma gêne. Ce garçon est vraiment super fort pour me faire rougir.

– Bon, on attaque ? On va former une équipe de choc toi et moi, déclare Benjamin en me tendant une pelle. Je rassemble la neige et tu la tasses pour former des cubes, OK ?

Avec lui, je taillerais des roches à mains nues... Je mets toute mon énergie pour réaliser des cubes dignes de ce nom et Benjamin n'arrête pas de me féliciter, ce qui me rend encore plus efficace !

Joe, Younès, Max et Bixente nous rejoignent assez vite, c'est donc une vraie équipe de maçons des neiges qui achève deux igloos et sculpte un ours en neige.

Les garçons nous quittent juste avant le retour de mes sœurs qui sont admiratives en découvrant le village. Il faut dire qu'il a fière allure.

Deux igloos trônent en son centre. Trois bonhommes de neige et une sculpture-ours décorent les alentours. Cinq toboggans de différentes tailles invitent à « luger ». Les adultes qui rentrent du ski viennent y faire un tour.

– C'est chouette, commente papa. Le gros igloo est impressionnant.

– Tout à fait. Un Inuit pourrait y vivre sans problème ! ajoute Guy en prenant l'air d'un grand professionnel du pôle Nord.

En rentrant au chalet, un cri de joie général accueille le retour du courant.

Luna exhibe fièrement le cadeau de Monette : une baguette d'aluminium avec une étoile de Noël plantée au bout.

– C'est une vraie baguette magique qui marche en plus, m'annonce-t-elle avec fierté.

– Tu avais raison, constate ma sœur aînée. Monette est top !

– Elle m'a prêté ce roman écrit par Roger Frison-Roche, un guide très célèbre, m'explique Lisa, les yeux brillants d'excitation.

– Cette mamie a la pêche ! continue Lou. Quand Luna lui a dit qu'on projetait de l'emmener au village des neiges en traîneau, elle était ravie.

– Tu sais que Max a passé au moins deux heures à nous aider au lieu d'aller skier ? j'annonce à ma sœur. Franchement, il fait de gros efforts pour se rapprocher de toi, non ?

Lou me regarde et lance :

– Et alors ? Joe aussi était là, c'est le principal !

Une fois de plus, je me sens mal à l'aise. Je ne lui ai toujours pas avoué ce que je sais sur Joe. Je tente d'aborder le sujet en douceur mais Luna surgit avec sa baguette « qui marche » et toute conversation devient impossible.

Pendant le dîner, nous annonçons solennellement l'ouverture de notre village pour le lendemain.

– Mais si vous avez de nombreux visiteurs en même temps, demande papa, vous comptez les gérer de quelle façon ?

– Excellente remarque, répond Lou sans se démonter. Nous allons instaurer une rotation. Pas plus de cinq enfants à la fois et deux personnes en permanence pour les gérer.

– Bien pensé, commente maman. Mais qui seront les « animateurs » ?

Il y a un blanc. Ensuite, on lève tous le doigt, à part Luna qui lève sa baguette magique. Je lance :

– Et on a préparé un vrai planning !

Les parents ont l'air impressionnés. Ils sont loin d'imaginer qu'on vient de se lancer dans une totale impro puisque le planning n'existe pas encore !

Après le repas, on construit un tableau avec des heures de surveillance pour chacun. Nous sommes répartis en duo, avec changement toutes les heures. Évidemment, Lou veille à ce que son nom ne soit jamais associé à celui de Max. Luna répète en boucle :

– Moi aussi je veux être inscrite !

– Tu sais, faire visiter un village des neiges, c'est un vrai job, lui explique Lou patiemment.

– Oui, mais moi, j'adore les vrais jobs ! insiste Luna qui commence à pleurnicher.

– On n'a qu'à l'ajouter en joker sur certains créneaux, je propose. Comme ça, on évitera les grandes eaux.

Luna finit par apparaître sur notre planning à sa grande satisfaction.

Lorsque je me couche, je suis presque certaine de faire de beaux rêves. J'imagine déjà le village des neiges sous le soleil et rempli de visiteurs…

Un village en danger

Un tout autre paysage m'attend le lendemain matin. Le ciel s'est couvert d'énormes nuages et la neige n'est pas loin. C'est notre sixième jour sans soleil !

Vers 9 h 30, on est *toutes* dans le pré avec Maxime, Bixente, Joe et Younès.

On attend patiemment les premiers visiteurs…

À 10h30, après avoir essayé dix fois chacun des toboggans et être entrée cinq fois dans le gros igloo, toute notre équipe se réfugie au chaud.

Personne n'est venu.

Même pas Benjamin.

Je me tourne vers la fenêtre et je jette un coup d'œil à notre village désespérément vide.

Je me sens découragée. Joe essaie de me remonter le moral :

– Les gens ont vu les affiches, ils viendront cet après-midi.

– Ou alors ils ne viendront jamais, lance Bixente d'un ton tragique.

– Tais-toi, ordonnent Lou et Max en même temps.

Ils se regardent et, l'espace d'une seconde, j'ai l'impression qu'un beau soleil est en train de se lever. Malheureusement, cette éclaircie ne dure pas. Joe et Younès nous quittent alors que les premiers flocons de neige envahissent notre village.

Il n'y a plus aucune chance de voir arriver des visiteurs.

Lisa et Bixente se réfugient dans leur tente. Luna jette des sorts vers le village des neiges avec sa baguette magique.

Lou broie du noir dans sa chambre tandis que Maxime joue un air déprimant à la guitare.

Assise dans la cuisine, je rumine mes idées noires.

– Montfloury et son temps pourri, je marmonne. Montfloury station d'hiver, si tu y viens, tu vivras l'enfer!

Ces slogans devraient figurer sur les guides touristiques. Lou me rejoint avec sa tête des mauvais jours.

– Si les remontées fonctionnent, je pars skier cet après-midi, dit-elle.

– Mais... Et notre village ? je m'indigne. Je te signale que tu es sur le planning de 14 heures à...

– Laisse tomber ! Notre village est une vaste utopie.

– C'est quoi une utopie ? demande Lisa qui vient de s'asseoir à la table.

– Un doux rêve, très improbable, qu'on fait quand on s'ennuie, explique Lou sérieusement.

– Sûrement pas ! je m'écrie. Notre village a toutes ses chances, seulement si on l'abandonne il sombrera.

Je quitte la cuisine en claquant la porte. Lou a peut-être raison mais je n'ai pas envie d'abandonner notre projet.

– On peut aller voir Monette ? me propose Luna qui apparaît en fée rose dans ma chambre.

Je m'apprête à renvoyer ma petite sœur lorsqu'une idée me vient en tête.

– Oui, on va aller voir Monette. Et on va lui parler de notre problème avec le village des neiges. Elle aura peut-être une solution.

Luna se précipite pour attraper nos doudounes et on file vers la maison de la grand-mère de Benjamin. Malheureusement celle-ci ne répond pas à nos coups de sonnette.

– Elle devait avoir un rendez-vous chez le docteur pour sa jambe cassée, j'explique à ma petite sœur qui est très déçue.

Alors que nous sommes sur la route du retour, Luna s'écrie :

– Il y a des clochettes ! Écoute !

Effectivement, un bruit familier me fait tourner la tête. Le traîneau de François est en train de monter le chemin derrière nous.

– C'est François ! C'est l'entraîneur des chiens ! hurle Luna en sautillant sur place.

Lorsque le traîneau arrive à notre hauteur, nous découvrons qu'il transporte un Benjamin hilare, tenant la main d'une Monette qui disparaît sous un énorme manteau à capuche.

– Coucou les filles, crie mon Inuit préféré lorsqu'il nous dépasse. On sera arrivés avant vous !

Je suis si stupéfaite que je ne bouge plus. Ma petite sœur s'élance derrière le traîneau en m'entraînant à sa suite.

On rejoint François et son attelage devant le pré. Les chiens aboient et secouent leurs clochettes. Attirés par le bruit, tous les occupants du chalet sortent.

– Je vois enfin les quatre L réunies, lance Monette qui est restée assise à cause de son plâtre. Comme ça fait du bien de sortir de chez soi !

Après l'avoir embrassée, j'interroge Benjamin du regard.

– Je t'ai piqué ton idée, me chuchote-t-il. François est très pris par les touristes en ce moment. Mais comme c'est un ami d'enfance de ma mère, elle a réussi à le convaincre d'amener Monette jusqu'à votre village.

– C'est pour ça que tu n'es pas venu ce matin ?

– Une surprise, c'est une surprise, me répond-il en me faisant son irrésistible sourire.

Je regarde Monette qui est submergée par les questions de mes deux petites sœurs.

– Tu as roulé à combien de kilomètres-heure ? lui demande Luna. À plus de cent ?

– Vous aviez peur de tomber ? ajoute Lisa.

Monette les rassure en expliquant que François est un musher[1] extraordinaire qui sait adapter sa vitesse quand il transporte des grands-mères.

Je m'installe dans le traîneau avec mes deux petites sœurs et François nous fait faire le tour du village des neiges. Monette enthousiaste nous félicite chaudement. Je lui parle de notre déception face au manque de visiteurs.

– On va réparer ça ! lance-t-elle joyeusement. Je suis un peu magicienne…

Luna ouvre grand ses yeux tout en serrant encore plus fort sa baguette.

Monette sort un téléphone portable.

– J'ai dans la main un outil qui peut être magique, déclare-t-elle en souriant. Il me suffit d'appeler toutes mes copines et de leur demander d'amener leurs petits-enfants visiter votre magnifique village !

1. Le musher est un pilote de traîneau des neiges tiré par des chiens.

– Et tu vas le faire ? la questionne Lisa anxieuse.

– Bien sûr, ma chérie. Dès que je serai au chaud ! s'écrie Monette.

Lou va chercher son appareil photo pour capturer quelques images souvenirs.

– Tu fais une photo de Laure et moi dans le village ? demande soudain Benjamin à ma sœur.

Je deviens rouge comme une tomate.

Je pose à côté de lui, mais Lou insiste :

– Vous avez l'air coincés tous les deux, changez de position.

Benjamin met d'office son bras sur mon épaule. Cette fois-ci, j'ai l'impression que mon visage va exploser tant il vire à l'écarlate.

Alors que François s'apprête à ramener Monette chez elle, j'ai une idée de génie. Je cours chercher une affiche pour le village des neiges et je la lui donne.

– Tu peux compter sur moi pour l'accrocher derrière mon traîneau, me déclare-t-il. Bravo pour votre village !

Dans l'après-midi, Joe nous rejoint au chalet. Il constate :

– Notre village est toujours aussi désert ! J'étais venu pour vous donner un coup de main parce que je pensais qu'une foule de touristes serait arrivée.

– Ouais, c'est pas la folle ambiance, lui répond Lou en s'étirant devant le feu.

– Et si on la mettait, nous, l'ambiance ? suggère soudain Max. Je veux dire… Animons nous-mêmes notre village, faisons du bruit !

On regarde tous l'ex de ma sœur qui saisit sa guitare.

– Je vous propose un concert au pied des pistes !

Lou lève les yeux au ciel mais je vois bien qu'elle se prépare à sortir.

Joe tape dans la main de Max.

– Je pars chercher mon djembé, lance-t-il en sortant. Et je vais dire à Younès d'apporter le sien. À tout de suite !

On se couvre tous chaudement avant de partir. Sur la route, Maxime commence à chanter et on tape dans nos mains. Même Lou nous imite en se cachant de son ex-chéri…

Lorsqu'on arrive au pied des pistes, Younès et Joe ont commencé à mettre de l'ambiance. Les deux petites L sautent comme des grenouilles au rythme de leurs djembés. Je distribue des affiches aux curieux qui s'approchent. Max chante de tout son cœur et je surprends plusieurs fois Lou l'encourager du regard.

– Au village des neiges, venez avec nouous ! hurle-t-il en musique. C'est un endroit coool et douououx…

Quand on reprend le chemin vers notre chalet, deux familles nous suivent en chantant.

Grâce à notre stratagème musical, quatre enfants inaugurent notre village. Et pour leur faire honneur, toute notre bande s'occupe d'eux.

– C'est trop coool et douououx, crie Luna en sortant d'un igloo pour la vingtième fois.

J'ajoute :

– Sixième jour à Montflouryyyy… On est super bien iciiiiii…

Des visiteurs inattendus

Au réveil, nous avons une surprise de taille. Le soleil a décidé de faire son apparition !

C'est le premier jour de beau temps à Montfloury en une semaine. Je me sens pleine d'énergie et je réalise que le ski commence à me manquer.

Je pars avec Lou coller quelques affiches supplémentaires.

En revenant au chalet, nous croisons Joe et sa copine qui, visiblement, rentre de vacances au soleil tant elle est bronzée. Je me pétrifie, persuadée que Lou va fondre en larmes.

– Qu'est-ce que tu fais plantée là ? me questionne-t-elle en adressant un signe de la main aux deux amoureux.

– Mais Joe et sa chérie. Tu… savais ?

– Évidemment ! Je connais même son prénom, Maëlle ! s'exclame Lou en riant. Tu me prends pour une cruche ?

– Tu avais l'air de dire que Joe était ton… je bégaie, abasourdie.

– Oui, j'avais l'air, ajoute Lou. Parfois, en amour, les choses sont compliquées. Tu comprendras mieux plus tard.

J'essaie d'en savoir plus mais ma sœur secoue la tête en riant.

C'est en arrivant au chalet que j'ai la révélation. Dès qu'on entre, Max se précipite vers moi pour me demander :

– Joe n'est pas avec vous ?

– Ben non, je réponds. Il est avec sa copine, on vient de le croiser.

Max fait un tel sourire que je comprends enfin.

Joe n'était qu'un prétexte utilisé par Lou pour rendre jaloux son ex petit ami. Et visiblement, elle a réussi.

Alors que je m'apprête à enlever mes Moon Boots, Lisa s'écrie :

– Des visiteurs au villaaaaage !

En me penchant par la fenêtre, j'aperçois le traîneau de François qui se « gare » devant le pré. Un groupe d'enfants en descend. Je me précipite avec Lisa pour les accueillir.

– Mamie m'a dit que c'était trop bien ce village, déclare une fillette.

– Et moi, papi m'a donné six euros pour jouer pendant une heure, ajoute sa voisine.

Lou vient nous donner un coup de main et nous apprenons que Monette a tenu sa promesse. Le petit groupe d'enfants a été envoyé au village des neiges par des papis-mamies, tous amis de la vieille dame.

Je crois que nos rôles d'animateurs ne font que commencer.

Dans l'après-midi, François ramène un nouveau groupe de six enfants. Il nous explique que l'affiche sur son traîneau a beaucoup de succès auprès des touristes…

Comme Lou, Luna et Younès assurent l'animation, je trouve enfin le temps de rechausser mes skis. Sous le soleil, la station me paraît plus grande que dans mes souvenirs et je descends quelques pistes avec plaisir.

Deux ailes me poussent dans le dos quand je repère enfin le bonnet à pompon rouge de mon Inuit préféré. J'ai beaucoup de mal à le rattraper mais j'y mets toute mon énergie ! Il s'apprête à reprendre un tire-fesses lorsque je pose enfin la main sur son épaule.

– Alors, je crie à bout de souffle, tu essaies de me semer?

Benjamin secoue la tête en riant.

– Justement, je te cherchais et je me disais même que j'allais passer au village des neiges voir si tu y étais.

C'est le genre de phrase qui me donne envie de faire des cabrioles.

– Laure, continue-t-il, tu veux toujours passer ton étoile d'or?

– Oui, je réponds, hésitante. Mais j'ai un peu abandonné le projet puisque je n'ai pas skié pendant une semaine et l'épreuve a lieu dans trois jours.

Benjamin désigne mes skis.

– Je te propose un entraînement intensif avec moi.

Il nettoie tranquillement son masque en attendant ma réponse. Mon nouveau moniteur est encore plus beau sous le soleil. J'en bégaie à nouveau.

– Un in… entraînement en… intensif? je répète bêtement.

– Tu vas peut-être me trouver prétentieux mais je suis un des meilleurs skieurs de mon âge sur la station, insiste Benjamin.

Prétentieux n'est pas l'adjectif auquel je pense pour lui. Je préfère « mignon », « craquant » ou « super canon » !

– Je ne veux pas être un boulet pour toi, je chuchote.

– Tu es tout sauf un boulet, déclare-t-il en remettant son masque.

Si je pouvais hurler mon bonheur, je le ferais ! Benjamin prend la perche du tire-fesses et m'invite à le suivre. C'est la première fois que je remonte une piste en admirant celui qui me précède.

L'après-midi se passe comme dans un rêve. Benjamin me montre comment améliorer ma technique et, à chaque nouvelle descente, je fais des progrès énormes. En tout cas, mon prof de ski m'encourage tellement que j'en ai vraiment l'impression !

En fin d'après-midi, j'ai les jambes en compote. Alors que je m'écroule sur un télésiège, Benjamin s'exclame :

– Déjà fatiguée ? Pourtant il te faudra encore un max d'énergie pour ce soir.

Comme je le regarde sans comprendre, il ajoute :

– Ben oui, pour la descente aux flambeaux !

– Une descente aux flambeaux, je répète tout en essayant de visualiser comment on peut à la fois tenir deux bâtons et un flambeau. Mais je ne savais pas...

– C'est la descente des guides de haute montagne. Mon père l'organise cette année.

En haut de la piste, je manque de glisser en descendant du télésiège. Benjamin me rattrape par le bras.
– Tu as l'air vraiment fatiguée. Tant pis, je ferai la descente sans toi ce soir, murmure-t-il avec une pointe de regret dans la voix.

Cela me fait l'effet d'un électrochoc.
– Il n'en est pas question ! je m'exclame en plantant mes bâtons dans la neige. Je suis en pleine forme. Je suis prête à refaire le tour de la station.
Benjamin lève le pouce en l'air et il s'élance à fond. J'ai deux bouts de bois à la place de mes jambes mais je le suivrais sur les mains s'il le fallait...

Lorsque je rejoins le chalet vers 17 heures, j'ai l'impression d'avoir l'âge de Monette. Lou n'est pas en meilleur état que moi puisque je la retrouve écroulée sur le canapé. Max somnole sur un fauteuil. Lisa s'est retirée sous sa tente avec Bixente et on entend juste des murmures. Seule Luna semble en pleine forme puisqu'elle fait des allers-retours dans la pièce en criant « Abracadabra des neiges ! », sa baguette à la main.

– Qui est OK pour une descente aux flambeaux ce soir ? dis-je en m'affalant sur le dernier fauteuil libre. Je ne suis pas sûre d'arriver entière jusqu'au village, j'ai besoin d'assistants.

Max ouvre un œil. Lou agite vaguement une main.

– Moi, je t'accompagne, déclarent-ils en même temps.

Ils se regardent et ma sœur esquisse le début d'un sourire.

Vers 19 heures, nous sommes tous les trois au pied des pistes. Benjamin nous rejoint très vite et il me tend une torche électrique.

– Avec ça, tu y verras comme en plein jour, déclare-t-il.

Nous rejoignons le groupe qui se dirige vers le télésiège. La montée est féerique. La station est plongée dans le noir, seuls les flambeaux allumés par les guides qui nous précèdent sont visibles. On dirait des dizaines de lucioles qui se déplacent lentement en direction du ciel.

Quand nous parvenons au sommet, les guides s'élancent l'un après l'autre et commence alors un incroyable ballet.

Benjamin, Max, Lou et moi sommes les quatre derniers et le spectacle est carrément fantastique ! Je suis mon prof de ski qui fait des virages très lents pour ne pas me perdre.

– Tout va bien Laure ? me demande-t-il régulièrement.

Je peux à peine lui répondre parce que je me sens remplie de bonheur. J'oublie à quel point mes jambes me faisaient mal une heure plus tôt.

À mon arrivée en bas de la piste, je pleure et je sais que ce n'est pas seulement le froid qui fait couler mes larmes.

Une déclaration

Notre village fait le plein depuis deux jours. Deux jours sans neige, sans bourrasques, sans tempête et sans pannes d'électricité.

Notre planning fonctionne à merveille et on arrive à la fois à accueillir nos visiteurs et à aller skier. D'ailleurs, je fais des progrès « incroyaaaables ». C'est Lou qui l'a déclaré après m'avoir vue descendre une piste hier.

Ce matin, je suis de surveillance au village des neiges et je ne m'entraîne qu'à partir de 13 heures. Mon prof de ski me manque déjà. Je m'apprête à sortir du chalet lorsque Lou s'écrie :

– Deux familles arrivent !

Ma sœur fait un peu la tête ce matin. Elle s'est aperçue que son prénom était associé à celui de Maxime sur le planning de surveillance, mais elle ne sait pas que j'en suis responsable. J'espère que cette matinée en commun les rapprochera pour de bon.

– Il y a aussi un visiteur imprévu, ajoute Max en désignant une silhouette qui s'approche à grands pas.

– Coucou Laure, lance Benjamin alors que je lui ouvre la porte du chalet.

– Mais tu ne devais pas aller voir ta grand-mère ce matin ? je lui demande, très surprise de le voir.

– En fait, je voulais te parler d'un super plan.

Tandis que Max et Lou rejoignent notre village, j'invite Benjamin à se mettre au chaud.

– Et alors, ton super plan?

– Pour l'instant, ce n'est qu'un projet mais le maire a l'air emballé. Tu sais qu'il se souvient bien des « quatre L » depuis l'opération « village mort » cet été?

– Mais par quoi est-il emballé?

Benjamin m'explique qu'après avoir emprunté le traîneau des neiges, Monette a longuement réfléchi.

– Elle a pensé que ce genre de transport serait idéal quand les routes sont bloquées par la neige. Elle a donc exposé son idée à mon père qui, à son tour, en a parlé au maire qui l'a améliorée. Actuellement, il cherche un local où les personnes isolées de la commune, ou celles qui ne peuvent pas se déplacer facilement, pourront se réunir. Elles bénéficieront du traîneau de François qui sera payé par la mairie pour les y conduire un après-midi par semaine.

– Waouh, c'est un plan génial ! Tu sais qu'au départ, c'est Luna qui nous a soufflé l'idée du traîneau ?

Justement, elle s'approche habillée en fée rose.

– Abracadabra, Benjamin, disparais, toi ! crie ma petite sœur. Je suis la fée rose. Tu as vu ?

– Je suis impressionné par ton déguisement, lui répond Benjamin. Je…

– Pfft ! T'as même pas compris que c'est pas un déguisement, le coupe Luna avec mépris. Je suis VRAIMENT la fée rose.

Je propose à Benjamin de sortir pour échapper aux bavardages de ma petite sœur. Dans le pré, Lou et Max tractent deux enfants sur une luge. Bien sûr, ils sont aussi muets l'un que l'autre.

Comme je soupire, Benjamin me demande ce qui ne va pas et je lui raconte que Max et Lou se sont disputés et n'arrivent pas à se réconcilier.

– Tu sais, les histoires d'amour, c'est compliqué, m'explique Benjamin alors qu'on s'assoit dans l'igloo.

Je hausse les épaules.

– Ce n'est pas compliqué, là. Ils se sont juste disputés. Mais ils s'aiment encore, c'est évident. Seulement, ils sont trop bêtes pour se l'avouer. Et ils souffrent chacun dans leur coin.

– Il y a des gens qui souffrent longtemps parce qu'ils aiment quelqu'un qui ne les aime pas, tu sais, Laure ? Moi, j'en connais…

Je regarde Benjamin. Il a un drôle d'air, et surtout, il est très rouge.

– Ah oui ? je m'étonne. Tu connais quelqu'un qui a des problèmes de cœur comme ma sœur ?

Benjamin ne me répond pas, il se lève pour quitter l'igloo. Juste au moment de sortir, il murmure :

– Oui, moi. Depuis que je t'ai rencontrée.

Le temps que je réagisse, il est dehors. Il commence à s'éloigner et je crie :

– Attends…

– À tout à l'heure, répond-il sans se retourner. C'est demain, n'oublie pas !

Je reste au moins trois minutes sans bouger.

Mon moniteur de ski vient de me rappeler que d'ici vingt-quatre heures, je skierai pour décrocher mon étoile d'or.

Mais surtout, le garçon le plus beau des Alpes du Sud vient de me faire sa déclaration !

Lou passe devant moi avec la luge et je remarque que sa main est recouverte par celle de Max. Je ne réagis pas tout de suite parce que mon cerveau est ankylosé par la révélation de Benjamin. Lou et Max passent une deuxième fois devant moi et, cette fois-ci, ma sœur donne carrément la main à son ancien ex.

Encore un mystère de l'amour !

Je rentre boire un chocolat chaud pour me remettre avant de remplacer Max et Lou qui doivent avoir beaucoup de choses à se dire. Ma sœur me fait un sourire radieux en me cédant la luge.

J'accueille juste une famille de touristes. Ensuite, je me dépêche d'avaler le repas froid laissé par maman avant de rejoindre les pistes.

J'ai le cœur qui bat en arrivant en bas de la station. Je suis pressée de revoir mon Inuit préféré que j'ai quitté il y a deux heures à peine... Surtout qu'à présent, je sais ce qu'il pense VRAIMENT de moi !

Lorsqu'une main s'abat sur mon épaule, je sursaute.

– Coucou Laure ! s'écrie Joe. Tu es toute seule ? Tes sœurs t'ont abandonnée ?

– J'attends Benjamin. Demain, je passe mon étoile d'or et...

– L'étoile d'or, waouh ! me coupe Younès qui l'accompagne. Mais il faut absolument qu'on t'entraîne !

Je secoue la tête fermement.

– C'est Benjamin mon prof… j'explique un peu gênée.

Joe sourit d'un air entendu.

– Ben est un super skieur. Tu es sûre d'obtenir ton étoile grâce à lui ! déclare-t-il avant de s'éloigner.

Je regarde ma montre fixement. Mon « super prof » a plus d'un quart d'heure de retard. J'ai des doutes affreux…

Et si Benjamin n'osait plus venir me voir ?

Et s'il était trop gêné de m'avoir avoué ses sentiments ?

Et s'il décidait de ne plus jamais m'adresser la parole ?

Et s'il restait chez lui jusqu'à mon départ de Montfloury ?

J'en suis à ma dixième supposition lorsque j'aperçois Max et Lou qui m'adressent de grands signes en s'approchant.

– Benjamin vient de me téléphoner, déclare Lou qui me rejoint. Il est désolé mais il ne pourra pas être là cet après-midi. Son père a besoin de renforts pour une rando en montagne.

Vu ma tête, ma sœur comprend tout de suite à quel point je suis déçue.

– Mais ce n'est pas grave, ajoute-t-elle. On va t'entraîner, Maxou et moi ! Tu l'auras ton étoile d'or…

J'ai un peu envie de pleurer. D'abord parce que je ne suis pas certaine que

Benjamin ait dit la vérité, ensuite parce que ma sœur et son chéri sont adorables d'être venus à mon secours. Max me pousse vers le tire-fesses.

– Allez, grogne-t-il. On ne perd pas de temps si tu veux être au top demain.

À cet instant, Joe et Younès repassent en bas de la piste et se dirigent vers nous.

– Alors, tu as changé d'avis ? s'exclame Younès en riant. Tu as besoin de VRAIS profs de ski ?

– Tu as bien fait de nous attendre, ajoute Joe. Maëlle nous rejoint dans cinq minutes.

Ce sont donc cinq profs qui m'entraînent pendant l'après-midi ! Je fais environ cent fois le tour de la station et lorsque les pistes ferment, je ne pense plus à Benjamin, je n'ai qu'une envie : m'allonger sur un lit.

Cinq profs, c'est carrément trop. Demain, si j'ai mon étoile d'or, j'arrête le ski pour toujours.

Du stress et un slalom

En me levant ce matin, je réalise que c'est déjà mon dixième jour à Montfloury et je suis très stressée à cause de l'épreuve de ski qui m'attend.

Savoir que je serai dans quatre petites journées à Paris me stresse encore plus !

Je n'arrête pas de jeter des coups d'œil par la fenêtre de la cuisine. Je rêve de voir apparaître mon « super prof ». Depuis hier, je n'ai plus aucune nouvelle de lui.

Selon moi, la rando de son père n'était qu'un prétexte pour m'éviter.

Du coup, je n'arrive pas à boire une seule gorgée de chocolat. Et je mords à peine dans ma brioche.

– Laure, mange un peu, gronde Lou en s'asseyant en face de moi.

– Oui, mange un peu, répète Max qui la suit de près.

Les deux tourtereaux ne se quittent plus depuis hier. On les croirait soudés à la colle forte ! Je grogne un « humppfff » en essayant d'avaler une deuxième bouchée de brioche.

Puis une vague d'angoisse me saisit.

– Je n'y arriverai pas, j'affirme. Ce n'est même pas la peine que j'essaie.

Cette fois-ci, c'est Lisa qui fronce les sourcils.

– On s'est tous levés tôt pour t'encourager ! s'écrie-t-elle. Alors tu y vas.

– Oui, l'approuve Luna. Et en plus, j'avais encore sommeil, moi.

Lou me montre la porte ouverte et nos parents qui attendent dehors. Je soupire très fort et je me décide à sortir.

On se dirige vers le télésiège pour gagner la piste où se déroulera l'épreuve de slalom. Je descends à peine du télésiège lorsque j'entends :

– Laure, on compte sur toi.

– Tu es la meilleure !

Je me retourne pour découvrir Maëlle et Joe. Mais je ne suis pas au bout de mes surprises. Le long de la piste que je vais dévaler, il y a Younès, Max et… Benjamin ! Il ne m'a pas oubliée. J'agite une main pendant qu'il lève ses deux pouces en l'air.

Évidemment, grâce à eux, je m'élance sur la piste comme une fusée !

En bas de mon parcours chronométré, mes sœurs m'applaudissent avant mon arrêt. Je n'ai pas fait une erreur. J'ai enchaîné les virages avec des skis parallèles du début à la fin ! Benjamin me rejoint, un sourire triomphal aux lèvres.

– Le moniteur m'a dit que tu méritais VRAIMENT ton étoile d'or, déclare-t-il. Tu as skié comme une pro, Laure.

J'ai envie de me précipiter dans ses bras. Mais ce sont Lisa et Luna qui se jettent dans les miens. Lou, Max, Joe, Maëlle et Younès me félicitent à leur tour tandis que mes parents nous prennent en photo avec leurs portables. Je pars ensuite récupérer mon étoile d'or que j'accroche fièrement à ma combi.

Dans l'après-midi, je suis de surveillance au village avec Lisa et Lou. Max nous rejoint, dépité, après avoir fait plusieurs fois le tour de la station. Il n'a pas réussi à retrouver Joe, Maëlle ou Younès.

– J'ai essayé de les appeler, nous explique-t-il, mais aucun des trois n'a répondu.

– C'est dommage, ajoute Lou. On aurait pu se faire une super soirée tous ensemble puisque nos parents dînent au restaurant.

– Téléphone-leur encore d'ici une heure, dis-je. Et tu pourrais aussi appeler...

– ... Benjamin ! crient en même temps Lou et Max.

Je ris avec eux. Je crois que tout le monde a deviné que j'ai du mal à me passer de mon prof de ski.

Ensuite, je m'écroule devant le feu de bois que notre père a allumé avant de partir.

– Et si on jouait au Monopoly? s'écrie Luna enthousiaste. C'est trop bien le Monopoly quand on se fait des signes!

– On se parle tous maintenant, déclare Max en riant. Ce sera moins drôle.

– Ouaiaiais! bâille Lou en se pelotonnant contre son ex-ex-chéri. En plus, je suis bien trop fatiguée pour réfléchir et compter des euros, même faux!

– Alors, on n'a qu'à jouer au Monopoly sans zeuros, continue Luna qui est déjà en train d'installer le jeu.

Comme notre petite sœur voit que personne ne vient s'asseoir à sa table, elle se met à pleurnicher. On soupire tous mais on tape à la porte. Luna s'arrête immédiatement de pleurer pour aller ouvrir.

– C'est encore moi, lance Benjamin qui entre, un carton dans les bras.

– J'espère que vous avez fait du feu! s'écrie derrière lui Younès, qui porte un sac à dos bien chargé.

– Coucou Laure, ajoute Joe qui tient Maëlle par la main, on peut poser notre repas quelque part ?

– Votre repas ? je m'étonne.

– Si tu nous prêtes ta cheminée pendant une heure, on t'explique ce qu'on a prévu, me murmure Benjamin qui n'arrête pas de sourire.

Je me dépêche de les faire entrer dans le salon. Lou et Max sont aussi surpris que moi de voir arriver la petite bande.

– On voulait vous faire une surprise puisque vous partez bientôt, annonce Joe.

– Et on a appris que vous étiez seuls ce soir, précise Younès.

– Alors on a décidé d'apporter de la musique et de quoi grignoter pour se faire une petite « fiesta by night », conclut Benjamin.

– Je voulais absolument visiter votre village ! s'écrie Maëlle. J'ai apporté des chamallows qu'on grillera dans la cheminée.

– Moi j'ai amené du Coca avec des gaufres faites par ma mère, poursuit Benjamin qui vide son carton.

– Moi, j'ai pris mes mini-enceintes et mon iPod, lance Joe. Ça va chauffer grave !

Max aide les garçons à sortir les provisions et Lou discute avec Maëlle. Je regarde Benjamin qui soulève l'insert de notre cheminée pour ranimer le feu.

– Tu sais tout faire, lui dis-je en souriant. Entretenir un feu, bâtir un igloo, donner des cours de ski, organiser des repas-surprises…

Mon Inuit préféré se retourne vers moi et il me sourit, très fier. J'en profite pour m'approcher de lui.

– Et toi, tu es super forte pour imaginer des villages des neiges, tenir compagnie à des grands-mères, gagner une étoile d'or, porter de super jolies chaussettes avec des canards.

J'éclate de rire pendant que Benjamin ajoute avec précaution une bûche dans la cheminée.

Ensuite, on s'installe confortablement sur le canapé. Nos deux bras se touchent et, cette fois-ci, mon cœur bat vraiment super vite.

Comme s'il l'avait senti, Benjamin pose sa main sur la mienne et nos doigts s'entrelacent. J'ai envie de laisser exploser mon bonheur. Mais les moments magiques ne durent pas éternellement…

Maëlle s'approche pour faire griller les chamallows tandis que Joe allume son iPod.

La musique envahit le chalet. Lisa, Bixente et Luna s'enferment sous la tente en riant.

Younès et Lou se mettent à danser. Max les rejoint.

Je cours chercher le portable de Lou pour faire quelques photos.

En passant devant la chambre de Lisa et Luna, j'aperçois la baguette de la fée rose posée sur son lit. Je regarde autour de moi pour être sûre que personne ne peut me voir.

Je saisis la baguette et, dans un murmure, je prononce mon souhait le plus cher :

– Abracadabra, que les vacances à Montfloury ne s'arrêtent pas !

Mon Inuit préféré

– Je crois qu'on est perdus.

– Ah ah ! Tu m'as déjà fait le coup, je te signale. J'aperçois la station derrière les mélèzes.

Benjamin me sourit et repart à toute vitesse en slalomant entre les arbres. Je jette un regard à l'étoile d'or épinglée sur ma doudoune et je m'élance. J'arrive presque à le rattraper.

Pour mon dernier jour de vacances, mon Inuit préféré m'a fait une belle surprise puisqu'il est venu me chercher ce matin très tôt. Il souhaitait qu'on fasse une balade tous les deux. Grâce à lui, j'ai pu voir des endroits magnifiques et contempler Montfloury qui, de très haut, ressemble à une maquette dans la vallée.

– Allez, un petit effort ! me crie Benjamin qui a ralenti l'allure. Tu dois être au chalet dans moins d'une heure.

Je n'ai aucune envie de partir. Les derniers jours à Montfloury ont filé si vite ! Le village des neiges a eu un taux de remplissage « plus qu'honorable », comme dit maman. Après avoir fait les comptes hier matin, nous avons pu nous partager quatre cent cinquante euros.

Avec ma part, j'ai acheté un magnifique tee-shirt sur lequel figure le logo de la station. Je vais le porter tout l'hiver !

Lou et Max ont préféré s'offrir un repas en amoureux dans un restaurant. Lisa et Bixente ont consacré leur cagnotte à l'achat de livres sur la montagne, Luna a préféré un album consacré aux fées. Benjamin s'est offert un super bonnet qui le rend encore plus beau ! Quant à Younès et Joe, ils se sont acheté des lunettes de play-boys.

Hier soir, les Steph au carré et les Gandier nous ont amenés au village manger une fondue. Le courant a sauté. Il fallait bien une dernière panne pour clore notre séjour ! Comme les appareils à fondue fonctionnaient à l'électricité, le patron a improvisé des grillades au feu de bois et on s'est régalés.

Le chalet est en vue, je déchausse mes skis pour faire les derniers mètres à pied.

Papa est en train de charger la voiture.

– Comment faites-vous pour rentrer avec des sacs encore plus chargés qu'à l'aller, les filles ? crie-t-il la tête dans le coffre.

– Papa, il faut aussi que tu ranges ça ! déclare Luna en lui tendant un sac plastique.

– Hors de question que je mette ceci dans ma voiture, proteste-t-il en vidant le sac rempli de neige.

– Je veux rapporter des boules de neige, pleurniche Luna. J'en ai cueilliiii plein et je les veux en souveniiir !

Je m'éloigne un peu pour échapper à la sirène.

– Bon ben il va falloir qu'on se dise au revoir, Laure, déclare Benjamin.

– Tu n'oublies pas de faire un bisou à Monette hein ? lui dis-je. Je n'ai pas eu le temps de passer la voir ce matin.

Avec mes sœurs, nous lui avons rendu visite hier. Elle se réjouissait du projet qui allait être mis en place par la mairie et elle nous a longuement serrées dans ses bras.

J'avoue qu'en la quittant j'avais les larmes aux yeux.

Un peu comme maintenant, alors qu'il est l'heure de me séparer de Benjamin et de son village.

– On reviendra cet été ? je demande à maman qui apporte un dernier sac.

– Ouh là là ! s'écrie-t-elle. Cet été, Montfloury n'est pas au programme, ma chérie.

– Ah bon ? Qu'est-ce que vous avez prévu avec papa ?

– Motus et bouche cousue, me répond l'intéressé, la tête toujours plongée dans le coffre. J'envisage sérieusement des vacances sans valise !

Je regarde maman pour en savoir plus, mais fidèle à ses habitudes elle murmure :

– Mystère, mystère…

Benjamin sourit et chuchote :

– Si jamais ces mystérieuses vacances ne te plaisent pas, tu peux venir chez moi.

Lou sort du chalet en écoutant son iPod. Max est collé à elle puisqu'ils partagent les écouteurs. Ils vont faire le voyage dans la même voiture.

Pour une fois, on ne sera que trois L à l'arrière, ce sera plus confortable !

– Tu sais que Bixente rentre avec nous ? m'annonce Lisa qui sort à son tour du chalet. Papa a accepté qu'on échange.

Je soupire très fort. C'est toujours pareil dans cette famille, dès qu'on est moins, on s'arrange pour être plus.

Papa ferme le coffre et pousse un cri de soulagement :

– Ouf, tout est rentré !

Luna et Lisa se glissent dans la voiture. Elles sont à peine montées que des éclats de voix retentissent.

– Papa, Luna a encore voulu emporter une boule de neige, lance Lisa en baissant la fenêtre. Et j'ai les fesses toutes mouillées à cause d'elle.

– Elle a fait exprès de la casser ! crie Luna. Elle s'est assise dessus !

– Euh... Je vais peut-être rentrer avec mes parents, murmure un Bixente inquiet.

Mais il rejoint vite sa copine Lisa qui l'appelle d'une voix autoritaire.

Max et Lou embrassent Benjamin et montent à leur tour dans la voiture des Gandier.

Maman ferme la porte du chalet.

– Cette fois-ci, c'est le départ, dis-je d'une voix un peu tendue. Bon on s'envoie des mails ?

– Ouais, me répond Benjamin. Mais tu sais que je ne suis pas très fort pour écrire.

– Alors moi, je le ferai. Et j'ajouterai des photos.

J'aimerais dire une phrase gentille à Benjamin pour qu'il comprenne que je ne l'oublierai pas, seulement j'ai la gorge sèche et le cerveau vide.

– Bon voyage, murmure-t-il.

Je me penche très vite et je lui pose un bisou au coin des lèvres. J'ai juste le temps de lui glisser :

– Tu es mon Inuit préféré !

Ensuite je cours vers la voiture.

J'essuie vite la larme qui coule le long de ma joue et je fais un dernier au revoir de la main à Benjamin.

– Eh ben moi, quand je serai grande, j'habiterai à Montfloury, déclare Luna.

– Tu m'inviteras chez toi ? demande Lisa. Comme ça, on pourra faire de la luge ou du ski.

Je souris en pensant à mes deux petites sœurs adultes. C'est drôle, je me vois bien dans leur paysage…

Je suis au village des neiges avec Benjamin. Il m'a invitée à un repas aux chandelles dans l'igloo. La lumière des bougies danse dans ses yeux et il sourit. Il va me faire sa demande en mariage lorsque…

– À quoi tu rêves ma chérie ? m'interroge maman alors que nous amorçons les premiers virages à la sortie du village.

– À rien maman, dis-je en essuyant la dernière larme qui pointe au bord de ma paupière. Je pensais juste que ces deux semaines à Montfloury ont été géniales !

Ensuite, je ferme les yeux.

J'imagine déjà mes prochaines vacances…

TABLE DES MATIÈRES

L'AUTEUR

Sophie Rigal-Goulard vit entourée d'enfants.
La première moitié de la semaine, elle est auprès de ses élèves puisqu'elle est prof des écoles à mi-temps.
L'autre moitié, elle vit avec les personnages qu'elle invente, des enfants imaginaires auxquels elle s'attache toujours.
Au quotidien, elle s'occupe aussi de son fils et de sa fille même s'ils commencent à être bien grands…
Les *Quatre sœurs* habitent depuis longtemps son imagination, car elle a passé son enfance de cadette dans une famille de filles.
Vous pouvez la retrouver sur les salons car elle aime les rencontres avec ses jeunes lecteurs et sur son site : sophie-rigal-goulard.fr

L'ILLUSTRATRICE

Diglee est une jeune illustratrice au sang anglais de 26 ans, fan de Lady Gaga, de paillettes, de chaussures et des années folles. Elle travaille beaucoup pour la jeunesse, surtout pour les préadolescentes. Née à Lyon, elle a passé son bac littéraire et est sortie diplômée de l'école Émile-Cohl en 2009.
Elle tient un (passionnant) blog BD dans lequel elle raconte ses péripéties du quotidien (doublement passionnant !), qu'elle a adapté en album, *Autobiographie d'une fille gaga*.
Vous pouvez la retrouver sur les salons (elle adore faire des dédicaces !) et sur son blog : diglee.com

Retrouvez la collection
Rageot Romans
sur le site www.rageot.fr

PAPIER À BASE DE
FIBRES CERTIFIÉES

RAGEOT s'engage pour
l'environnement en réduisant
l'empreinte carbone de ses livres
Celle de cet exemplaire est de :
521 g éq. CO_2
Rendez-vous sur
www.rageot-durable.fr

Achevé d'imprimer en France
en décembre 2014
sur les presses de Jouve
Dépôt légal : janvier 2015
N° d'édition : 6223 - 01
N° d'impression : 2178195U